OFFICIAL SQA PAST PAPERS WITH ANSWERS

HIGHER

FRENCH
2006-2009

First exam published in 2006.
Published by Bright Red Publishing Ltd, 6 Stafford Street, Edinburgh EH3 7AU
tel: 0131 220 5804 fax: 0131 220 6710 info@brightredpublishing.co.uk www.brightredpublishing.co.uk

ISBN 978-1-84948-058-1

A CIP Catalogue record for this book is available from the British Library.

Bright Red Publishing is grateful to the copyright holders, as credited on the final page of the book, for permission to use their material.
Every effort has been made to trace the copyright holders and to obtain their permission for the use of copyright material.
Bright Red Publishing will be happy to receive information allowing us to rectify any error or omission in future editions.

HIGHER

2006

[BLANK PAGE]

X059/301

| NATIONAL QUALIFICATIONS 2006 | TUESDAY, 16 MAY 9.00 AM – 10.40 AM | **FRENCH** HIGHER Reading and Directed Writing |

45 marks are allocated to this paper. The value attached to each question is shown after each question.

You should spend approximately one hour on Section I and 40 minutes on Section II.

You may use a French dictionary.

SCOTTISH QUALIFICATIONS AUTHORITY

SECTION I—READING

Read this article carefully and answer **in English** the questions which follow it.

This passage explains that many English people want to live in France, and gives some of their reasons.

La France, pays de rêve pour les Anglais

«En France, vous retrouverez un paradis que nous avons perdu en Angleterre». C'est ainsi que la télévision britannique vend la France à ces milliers
5 d'Anglais qui, depuis quelques ans, veulent s'installer en France. Et aujourd'hui on ne parle pas seulement de riches retraités qui s'installent par tradition en Dordogne; il y a aussi des
10 familles qui cherchent des maisons à bas prix dans de petits villages partout en France, de la Normandie jusqu'à la Méditerranée.

Ils ont un rêve commun: retrouver
15 l'Angleterre des années 1930, une époque où la vie était plus paisible et les liens sociaux plus resserrés. Et, avec tous les programmes qui passent à la télévision britannique, personne dans le
20 Royaume-Uni n'échappe à cet engouement[1]. Chaque fois qu'on allume la télé, on voit des programmes télévisés tels *No going back* ou *A place in the sun*, qui suivent des couples
25 acheter la maison de leur rêve et la retaper sous un magnifique soleil en France. Il ne se passe pas une journée sans que l'une de ces émissions ne soit diffusée.

30 **A la recherche du soleil et d'une qualité de vie**

Et, comme Christopher et Victoria Taylor, beaucoup d'Anglais se laissent charmer par ces histoires si faciles:
35 *«Nous avons vu tellement de ces émissions que nous nous sommes dit, "Pourquoi pas nous?"* », se rappelle Christopher.

La famille Taylor veut retrouver la nature, l'espace et le temps de vivre.
40 *«Nous avons marre de nos longues journées de travail loin de la maison. Nous ne pouvons pas passer assez de temps avec nos enfants,»* dit Christopher, 39 ans et chef de cuisine. Ils veulent s'installer à
45 tout prix en Languedoc, où le couple amène ses trois enfants en vacances chaque année. Malgré le fait que Christopher n'a toujours pas trouvé un emploi là-bas, qu'ils n'ont pas de
50 logement dans la région, et qu'ils ne parlent guère le français, ils sont quand même prêts à abandonner l'Angleterre pour chercher le soleil et une meilleure qualité de vie en France.

55 Christopher a donc décidé de partir immédiatement en France tenter sa chance tout seul. *«Nous ne sommes pas heureux en Angleterre. Pour réaliser notre rêve, j'accepterais toute offre de travail.»,*
60 explique-t-il. *«Et lorsque j'aurai trouvé un travail, je ferai venir ma famille»,* dit-il plein d'espoir.

«Nous travaillons beaucoup, et ça pour vivre tout juste correctement»

65 Comme Christopher, il y a de nombreux travailleurs qui sont stressés par leur vie en Angleterre. Tout le pays est touché. A Liverpool, Newcastle, et ailleurs, les Anglais s'agglutinent[2] dans
70 les bouchons matin et soir. Ils mangent leur déjeuner en une demi-heure, devant leur écran d'ordinateur, derrière leur comptoir, dans leur voiture ou, parfois, dans un restaurant rapide.
75 Michael Head, de Suffolk, nous a dit, *«Je travaille dur depuis vingt ans, mais je lutte pour joindre les deux bouts. Tout est si cher, et les services publics sont insuffisants. Je ne suis pas contre payer des impôts, mais en Angleterre, on ne*
80 *reçoit rien en retour!».*

Sociologue, Patrick Baert comprend très bien cette «invasion»

Patrick Baert, sociologue à l'Université
85 de Cambridge, résume la situation ainsi: «*Beaucoup de personnes en Angleterre ont des ennuis financiers. Les ménages doivent faire des économies pour payer, par exemple, les vacances annuelles* ou *les frais d'université. Depuis quelque* 90 *temps, en plus, les prix de l'immobilier ont augmenté comme jamais avant. Ceux qui possèdent une maison en Angleterre veulent profiter de sa valeur, et ils appliquent la devise: "Prends l'argent et* 95 *cours". Car ils savent qu'ils trouveront beaucoup plus en France pour le même argent».*

[1]un engouement = a craze　　　[2]s'agglutiner = to become stuck

Marks

QUESTIONS

1. Television programmes have increased the number of English people who want to buy a home in France. (lines 1–29)

    (a) What, according to British television, will English people find in France? **1 point**

    (b) In what ways has the type of person wanting to move to France changed? **2 points**

    (c) What nostalgic picture do they have of life in France? **2 points**

    (d) What image do television programmes show of people who have already made the move? **2 points**

2. Christopher Taylor thinks that he and his family should move to France, too. (lines 30–62)

    (a) What do the Taylors think is wrong with their life in England? **2 points**

    (b) Why have they decided upon the Languedoc region? **1 point**

    (c) Give examples of the difficulties the family will have to overcome if they move to France. **2 points**

    (d) What decisions did Christopher finally make? **3 points**

3. Many people are unhappy with life in England. (lines 63–98)

    (a) Which **two** aspects of the working day are particularly stressful? **2 points**

    (b) Patrick Baert says that many English people have money worries. Give **one** example that he mentions. **1 point**

    (c) Why are English homeowners interested in moving to France? **2 points**

    (20 points)

    = 20 marks

4. Translate into English:

    Je travaille dur … on ne reçoit rien en retour! (lines 76–81) **10**

    (30)

    [Turn over for SECTION II on *Page four*

SECTION II—DIRECTED WRITING

Marks

Last summer you travelled on your own to the University of Lyon to attend a summer school for young people studying French. While you were there you stayed in the university residence, attended classes during the day and had free time in the evenings.

On your return from the visit, you have been asked to write an account of your experiences **in French** for inclusion in the foreign language section of your school/college magazine.

You must include the following information and **you should try to add** other relevant details:

- how you travelled and why you chose that method of transport

- what the accommodation was like and what you did for meals

- how you spent a typical day

- how you got on with the other students

- how you felt about being away from home on your own

- how you plan to keep in touch with the friends you made.

Your account should be 150–180 words in length.

Marks will be deducted for any area of information that is omitted.   **(15)**

[END OF QUESTION PAPER]

X059/303

NATIONAL QUALIFICATIONS 2006	TUESDAY, 16 MAY 11.00 AM – 12.00 NOON	**FRENCH HIGHER** Listening Transcript

This paper must not be seen by any candidate.

The material overleaf is provided for use in an emergency only (eg the recording or equipment proving faulty) or where permission has been given in advance by SQA for the material to be read to candidates with additional support needs. The material must be read exactly as printed.

Instructions to reader(s):

The dialogue below should be read in approximately 3 minutes. On completion of the first reading, pause for two minutes, then read the dialogue a second time.

Where special arrangements have been agreed in advance to allow the reading of the material, those sections marked **(f)** should be read by a female speaker and those marked **(m)** by a male.

Madame Fourniret, a school teacher, is talking about her job.

(m)   Madame Fourniret, vous êtes professeur de collège. Dites-moi, il est comment votre collège? Où se trouve-t-il?

(f)   Mon collège n'est pas tellement grand. Il y a environ 650 élèves. Il se trouve dans le sud-est de la France, pas très loin des stations balnéaires de la Méditerranée.

(m)   Et vous aimez votre travail?

(f)   Oui, j'ai toujours aimé travailler avec les enfants. Je trouve que ça me donne beaucoup de satisfaction. Et d'ailleurs, les heures me conviennent: je n'ai pas de classes le lundi, donc je ne suis pas obligée de venir au collège. Ça me permet de passer une journée en ville, ou d'aller voir ma fille.

(m)   Vous avez une routine typique?

(f)   Eh bien, chaque jour est différent—c'est un des plaisirs de mon travail. Mais d'habitude, j'arrive au collège assez tôt car les cours commencent à huit heures. A midi, on peut manger à la cantine, mais moi, je préfère manger dans la salle des profs car je peux bavarder avec mes collègues. Après ça, je passe une heure à corriger des copies.

(m)   Tous vos élèves habitent près du collège?

(f)   Non, je ne dirais pas ça. Le collège est dans une petite ville—à peine plus grande qu'un village—et beaucoup de nos élèves habitent des fermes ou des maisons isolées à la campagne. Quelques-uns arrivent au collège en car scolaire, d'autres ont un parent qui les transporte.

(m)   Et comment sont vos élèves? Ils aiment leurs études?

(f)   La plupart des élèves sont bons, mais il y en a de toutes sortes. Les fils des fermiers, par exemple, savent qu'ils vont travailler à la ferme—comme leur père—et ils ne s'intéressent pas beaucoup à leurs études. D'autres sont plus ambitieux et travaillent dur. Eux, ils veulent quitter la ville et trouver un bon emploi, ou même aller à la fac.

(m)   Comme vous dites, votre collège se trouve dans une petite ville. Est-ce que ça apporte des problèmes sociaux?

(f)   Pas vraiment. Dans une petite ville, on arrive vite à connaître les parents, et le collège et la famille peuvent travailler ensemble pour aider l'enfant. Et aussi, il y a toutes sortes de clubs pour les jeunes, donc ils peuvent toujours trouver quelque chose à faire le soir et le weekend.

(m) **Est-ce que vos élèves s'intéressent aux langues vivantes?**

(f) En général, oui. Nos élèves savent qu'ils trouveront plus facilement du travail s'ils parlent une langue étrangère. D'autres élèves sont d'origine espagnole ou portugaise, et ils veulent rester en contact avec la culture de ces pays.

[END OF TRANSCRIPT]

[BLANK PAGE]

FOR OFFICIAL USE

Examiner's Marks	
A	
B	

Total Mark

X059/302

NATIONAL
QUALIFICATIONS
2006

TUESDAY, 16 MAY
11.00 AM – 12.00 NOON

FRENCH
HIGHER
Listening/Writing

Fill in these boxes and read what is printed below.

Full name of centre

Town

Forename(s)

Surname

Date of birth

   Day   Month   Year   Scottish candidate number   Number of seat

Do not open this paper until told to do so.

Answer Section A **in English** and Section B **in French**.

Section A

Listen carefully to the recording with a view to answering, **in English**, the questions printed in this answer book. Write your answers **clearly and legibly** in the spaces provided after each question.

You will have 2 minutes to study the questions before hearing the recording.

The recording will be played **twice**, with an interval of 2 minutes between the two playings.

You may make notes at any time but only in this answer book. **Draw your pen through any notes before you hand in the book**.

Move on to Section B when you have completed Section A: you will **not** be told when to do this.

Section B

Do not write your response in this book: **use the 4 page lined answer sheet**.

You will be told to insert the answer sheet inside this book before handing in your work.

You may consult a French dictionary at any time during **both** sections.

Before leaving the examination room you must give this book to the invigilator. If you do not, you may lose all the marks for this paper.

SCOTTISH
QUALIFICATIONS
AUTHORITY

©

Section A

Marks

Madame Fourniret, a school teacher, is talking about her job.

1.   (*a*)   How many pupils are there in Madame Fourniret's school?   **1 point**

    (*b*)   Where exactly is the school?   **2 points**

2.   Why do her working hours suit her?   **2 points**

3.   (*a*)   Why does she usually arrive at work early?   **1 point**

    (*b*)   What does she do during her lunchtime?   **3 points**

4.   (*a*)   Where do many of her pupils live?   **1 point**

    (*b*)   How do they get to school?   **2 points**

Marks

5.   (*a*) Madame Fourniret says that the farmers' sons that she teaches are less interested in their studies. Why is this?   **1 point**

      (*b*) What are the ambitions of those pupils who study hard?   **3 points**

6.   Why are there not many social problems in the town?   **2 points**

7.   Why do most pupils have a positive attitude towards learning foreign languages?   **2 points**

**(20 points)
= 20 marks**

[Turn over for Section B on *Page four*

Marks

Section B

Madame Fourniret nous parle de son collège.

A votre avis, quels sont les aspects importants d'un bon collège?

Voulez-vous continuer vos études après le collège ou entrer directement dans le monde du travail?

Ecrivez 120-150 mots en français pour exprimer vos idées.

10

(30)

USE THE 4 PAGE LINED ANSWER SHEET FOR YOUR ANSWER TO SECTION B

[END OF QUESTION PAPER]

[BLANK PAGE]

X059/301

NATIONAL
QUALIFICATIONS
2007

THURSDAY, 17 MAY
9.00 AM – 10.40 AM

FRENCH
HIGHER
Reading and
Directed Writing

45 marks are allocated to this paper. The value attached to each question is shown after each question.

You should spend approximately one hour on Section I and 40 minutes on Section II.

You may use a French dictionary.

SCOTTISH
QUALIFICATIONS
AUTHORITY

©

SECTION I—READING

Read this article carefully and answer **in English** the questions which follow it.

This passage states that families talk less to one another nowadays, and examines the reasons why.

Dialoguer en famille . . . Quelle corvée!

«Chez nous, la télé domine la vie familiale—et nos enfants ne nous parlent plus. Quand ils se lèvent le matin, ils allument le poste; quand ils
5 rentrent du collège, ils se plantent devant.» Voilà la plainte de Pauline, mère de trois adolescents, qui regrette les "beaux jours" d'autrefois, où la famille entière se réunissait autour de
10 la table pour raconter les événements de la journée. «Maintenant, la télé est allumée même aux heures des repas. J'ai beau essayer[1] d'entrer en conversation avec mes enfants. La
15 réaction est toujours la même, "Chut, Maman. Je ne veux pas rater cet épisode!"»

Pour Fabrice Lacombe, consultant en développement personnel, le
20 problème est plus compliqué. Il nous donne trois conseils pour rétablir la conversation familiale.

Eteignez la télé!

Les adolescents ne sont pas les seuls
25 coupables. La télé joue un rôle trop important dans la vie de nous tous. Vittorio, père de famille, avoue que lui aussi est fana du petit écran. «Après une longue journée de travail, je mérite
30 ma petite heure de télé.» Lui, il ne croit pas que c'est la télévision qui tue la conversation: «La télé ne nous empêche pas de communiquer. Ce sont les mœurs de la société qui ont changé,
35 et le rythme familial a changé avec.»

Rétablissez des horaires!

Et il semble, en effet, que beaucoup de familles ont perdu l'habitude de se rencontrer et de dialoguer tous
40 ensemble. Maryse, 42 ans, se croit typique: «Toute la famille rentre le soir à une heure différente, mon mari vers 20 heures, et mon fils aîné à 21 heures après son entraînement. Le problème, c'est que sa petite sœur, Laura, qui a 45 8 ans, elle a déjà faim à 19h30!

«Je n'aime pas voir Laura seule devant son assiette, je trouve ça triste; alors je dîne avec elle. Résultat: quand mon mari commence son repas, on en 50 est déjà au dessert, et quand mon fils rentre "mort de faim", il va tout de suite chercher de quoi grignoter dans la cuisine! C'est comme le self-service.

«Il y a des soirs où l'on se retrouve 55 moi dans la cuisine, mon mari sur le canapé avec un plateau-télé, et la petite déjà couchée. Evidemment, ça n'encourage pas la communication. On échange quelques mots sur la journée, 60 mais c'est tout. Le weekend, on se retrouve à table ensemble, mais après la fatigue de la semaine, la conversation n'est pas très animée.»

Coupez les portables!
65
Dans d'autres familles, c'est le téléphone portable qui menace de tuer la conversation en famille. Cet outil indispensable aux ados—qui leur offre la possibilité de causer avec les copains à 70 n'importe quelle heure du jour—est la cause de nombreuses disputes chez Sonia, dont le fils, Grégoire, a son portable "greffé[2] à l'oreille". «Quand je lui demande de l'éteindre le temps du 75 repas, reprend Sonia, il fait la tête. On dirait qu'il attend un coup de fil du président de la République! Ça passerait s'il se limitait à des conversations brèves, mais à chaque 80

fois, il s'embarque dans une conversation sans fin et quitte la table sans permission. J'avoue que ce manque de politesse me met hors de
85 moi.»

Mieux vaut négocier un contrat en famille

Mais il ne faut pas se désespérer, selon Fabrice Lacombe. «Il faut tout
90 simplement créer des moments qui

donnent envie aux jeunes de dialoguer avec nous. Négociez un contrat: pas de portable jusqu'au dessert; la télé reste éteinte le temps des repas . . . Et surtout, profitez des intérêts communs   95 (sports, cinéma, etc) pour préserver chaque semaine quelques moments de rencontre collective. Nos enfants, eux aussi, recherchent des moments de qualité avec leurs parents.»   100

¹ J'ai beau essayer = I try in vain   ²greffer = to graft on; to attach

Marks

QUESTIONS

1. Pauline blames television for the fact that her children no longer talk to her. (lines 1–17)

    (a) Give **one** way in which Pauline shows the extent to which her children are obsessed by television.   **1 point**

    (b) What does she miss about the "good old days"?   **2 points**

    (c) What happens when she tries to start a conversation?   **1 point**

2. Fabrice Lacombe believes that families should watch less television. (lines 18–35)

    (a) Vittorio is very keen on television. How does he justify this?   **1 point**

    (b) What does **he** think has led to families not talking so much?   **2 points**

3. Fabrice then discusses modern lifestyles. (lines 36–64)

    (a) Why can Maryse's family not eat together very often?   **1 point**

    (b) Maryse describes her family's eating arrangements as "self-service". Why?   **3 points**

    (c) At weekends, the family can eat together. Why does this not help conversation very much?   **1 point**

4. Fabrice also identifies mobile phones as a threat to family conversations. (lines 65–85)

    (a) Why do teenagers find the mobile phone so essential?   **1 point**

    (b) What annoys Sonia when her son uses his mobile phone at mealtimes?   **3 points**

5. Fabrice Lacombe also offers some solutions. (lines 86–100)

    (a) What is the simple solution that he offers?   **1 point**

    (b) What are the terms of the "contract" that he suggests?   **2 points**

    (c) Why would the children also appreciate such an agreement?   **1 point**

    (20 points)

    = 20 marks

6. Translate into English

    Il y a des soirs . . . mais c'est tout. (lines 55–61)   **10**

    (30)

[Turn over for SECTION II on *Page four*
Page three

SECTION II—DIRECTED WRITING

Marks

Your town is twinned with a town in France. Last year you went as part of a group to join in the celebration to mark the twentieth anniversary of the twinning. You stayed with your partner's family.

On your return from the visit you have been asked to write a report **in French** for the foreign language section of your school magazine.

You must include the following information and **you should try to add** other relevant details:

*   how you travelled and who you went with

*   where you stayed and what the accommodation was like

*   how you got on with your partner and his/her family

*   how the town celebrated the anniversary

*   what you did on the last evening

*   why you would or would not recommend a stay with a French family to other pupils in your school.

Your account should be 150–180 words in length.

Marks will be deducted for any area of information that is omitted.   **(15)**

[END OF QUESTION PAPER]

X059/303

NATIONAL
QUALIFICATIONS
2007

THURSDAY, 17 MAY
11.00 AM – 12.00 NOON

FRENCH
HIGHER
Listening Transcript

This paper must not be seen by any candidate.

The material overleaf is provided for use in an emergency only (eg the recording or equipment proving faulty) or where permission has been given in advance by SQA for the material to be read to candidates with additional support needs. The material must be read exactly as printed.

SCOTTISH
QUALIFICATIONS
AUTHORITY
©

Instructions to reader(s):

The dialogue below should be read in approximately 3 minutes. On completion of the first reading, pause for two minutes, then read the dialogue a second time.

Where special arrangements have been agreed in advance to allow the reading of the material, those sections marked **(f)** should be read by a female speaker and those marked **(m)** by a male.

Candidates have two minutes to study the questions before the transcript is read.

Aurélie, a student in Paris, is discussing life in the capital city.

(m)   **Aurélie, votre famille habite une petite ville, mais vous avez choisi de faire vos études à Paris. Est-ce que vous aimez la vie dans la capitale?**

(f)   Oui, j'aime beaucoup la vie à Paris. C'est animé de jour comme de nuit.

(m)   **Il y a toujours des touristes à Paris. Est-ce que vous trouvez ça chouette, ou est-ce que c'est un inconvénient?**

(f)   En effet, c'est vrai qu'il y a des touristes partout. Ce que je trouve amusant, c'est qu'il y a même certains cafés où personne ne parle français. Mais parfois, ça peut être un peu embêtant. On va à un endroit qui, en hiver, est assez tranquille, et on le trouve soudain plein de touristes en été. Heureusement, il y a toujours de beaux endroits que les touristes ne connaissent pas et où l'on peut se sentir beaucoup plus à l'aise.

(m)   **La vie à Paris n'est pas trop chère?**

(f)   Si. La vie à Paris est vraiment très chère. Vous voyez, les commerçants profitent des touristes et par conséquent les prix sont plus élevés dans les cafés et même dans les supermarchés. Pour payer moins cher, certains Parisiens vont même faire leurs courses en banlieue.

(m)   **Et vous qui êtes étudiante, vous n'avez pas trop d'ennuis financiers ici à Paris?**

(f)   Ah, il faut absolument que les étudiants travaillent. J'ai de la chance, moi, car j'ai trouvé un petit boulot dans le quartier où j'habite. Je travaille le week-end dans un supermarché. C'est bien ennuyeux, mais c'est nécessaire. Heureusement, mes parents me paient le logement, mais pour m'offrir des vêtements ou des sorties au cinéma je dois travailler.

(m)   **Il existe sans doute des problèmes sociaux dans cette ville énorme?**

(f)   Bien sûr que oui. Les gens sont souvent plus stressés que les habitants des petites villes et ils deviennent quelquefois agressifs. Le chômage aussi est assez élevé. On voit beaucoup de gens pauvres qui chantent ou jouent de la guitare dans le métro pour gagner de quoi vivre. Et ce qui est vraiment triste, c'est qu'ils sont tellement nombreux que les gens ne font même plus attention à eux.

(m)   **Vous comptez rester à Paris toute votre vie?**

(f)   Ah non, non. Jamais. Mon rêve, ce serait de vivre dans le sud de la France avec mon mari et deux ou trois enfants dans une belle maison au bord de la mer. Paris est trop bruyant et il y a trop de circulation pour moi.

[END OF TRANSCRIPT]

[BLANK PAGE]

FOR OFFICIAL USE

Examiner's Marks

A	
B	

Total Mark

X059/302

NATIONAL
QUALIFICATIONS
2007

THURSDAY, 17 MAY
11.00 AM – 12.00 NOON

FRENCH
HIGHER
Listening/Writing

Fill in these boxes and read what is printed below.

Full name of centre

Town

Forename(s)

Surname

Date of birth

Day Month Year   Scottish candidate number   Number of seat

Do not open this paper until told to do so.

Answer Section A **in English** and Section B **in French**.

Section A

Listen carefully to the recording with a view to answering, **in English**, the questions printed in this answer book.   Write your answers **clearly and legibly** in the spaces provided after each question.

You will have 2 minutes to study the questions before hearing the dialogue for the first time.

The dialogue will be played **twice**, with an interval of 2 minutes between the two playings.

You may make notes at any time but only in this answer book. **Draw your pen through any notes before you hand in the book.**

Move on to Section B when you have completed Section A: you will **not** be told when to do this.

Section B

Do not write your response in this book: **use the 4 page lined answer sheet.**

You will be told to insert the answer sheet inside this book before handing in your work.

You may consult a French dictionary at any time during **both** sections.

Before leaving the examination room you must give this book to the invigilator. If you do not, you may lose all the marks for this paper.

SCOTTISH
QUALIFICATIONS
AUTHORITY

Section A

Aurélie, a student in Paris, is discussing life in the capital city.

Marks

1. Why does Aurélie like living in Paris?   **1 point**

2. There are a large number of tourists in Paris.

    (*a*) What does Aurélie find amusing about this?   **1 point**

    (*b*) Why does she sometimes find it annoying?   **2 points**

    (*c*) How can she escape the tourists?   **1 point**

3. (*a*) Why are prices so high in Paris?   **1 point**

    (*b*) What do some Parisians do to save money?   **1 point**

Marks

4. (*a*) Financially, life can be difficult for Aurélie in Paris. Why does she consider herself lucky?

1 point

(*b*) What do her parents do to help her out?

1 point

(*c*) What treats can Aurélie sometimes afford?

1 point

5. (*a*) What does she say about the people who live in Paris?

2 points

(*b*) What will you often see in Paris because of the unemployment?

2 points

(*c*) What does Aurélie find particularly sad about this?

2 points

6. (*a*) What is Aurélie's dream for the future?

3 points

(*b*) Why will she not continue to live in Paris?

1 point

(20 points)
= 20 marks

[Turn over for Section B on *Page four*

DO NOT
WRITE IN
THIS
MARGIN

Marks

Section B

Aurélie nous parle de sa vie dans une grande ville.

A votre avis, quels sont les avantages et les inconvénients d'habiter dans une grande ville? Avez-vous l'intention de quitter votre ville pour suivre votre carrière?

Ecrivez 120-150 mots en français pour exprimer vos idées.

10

(30)

USE THE 4 PAGE LINED ANSWER SHEET FOR YOUR ANSWER TO SECTION B

[END OF QUESTION PAPER]

2008

[BLANK PAGE]

X059/301

NATIONAL
QUALIFICATIONS
2008

WEDNESDAY, 21 MAY
9.00 AM – 10.40 AM

FRENCH
HIGHER
Reading and
Directed Writing

45 marks are allocated to this paper. The value attached to each question is shown after each question.

You should spend approximately one hour on Section I and 40 minutes on Section II.

You may use a French dictionary.

SECTION I—READING

Read this article carefully and answer **in English** the questions which follow it.

In this passage, Camille describes how her blog (her on-line diary) changed her life.

Comment mon blog a changé ma vie

C'est Andy Warhol qui le disait: "À l'avenir, chacun aura son quart d'heure de célébrité". Moi, je suis célèbre depuis plus de quatre mois. Et qu'ai-je
5 fait pour mériter cette renommée? J'ai tout simplement ouvert mon blog sur internet.

C'est par pure jalousie que j'ai commencé mon blog. Je venais de voir
10 celui de mon amie Anuja, intitulé «Studious in the City». Avec une photo très élégante à la page d'accueil, où elle apparaît bien maquillée et avec son large sourire, Anuja a rejoint la cohorte
15 de «blogueurs» qui apparaissent sur le Net depuis 1999. Et pourquoi pas moi?

Me and the City

J'ai donc ouvert mon propre blog,
20 «La Gazette new-yorkaise», où je raconte les événements de ma vie d'étudiante de journalisme à l'université de New York. Tous les trois jours, j'écris, par exemple, une
25 critique de l'exposition de Van Gogh au Metropolitan Museum; je mets en doute la candidature de la ville de New York pour les Jeux Olympiques de 2012; ou je décris ma rencontre avec
30 une patrouille de la police dans les rues de Harlem. J'illustre chaque article de photos réalisées avec mon appareil photo numérique[1].

Les Français adorent tout ce qui
35 touche à New York, et j'apporte à mes lecteurs, via mon blog, un peu de l'ambiance new-yorkaise. Ces lecteurs sont en moyenne 200 par jour, et certains sont devenus des habitués et apprécient mes efforts. Bruno, de 40 Saint-Étienne, m'a écrit, «Je surfe de blog en blog. Le tien est sensass. Les descriptions de tes soirées nous offrent une petite tranche de la vie new-yorkaise». Ces commentaires flattent 45 mon ego: les premiers jours, j'avais vraiment l'impression d'être une superstar du Net.

Attention au blog!

Hélas, être un personnage «public» 50 n'est pas toujours agréable. J'ai découvert les dangers de donner de nombreux détails sur ma vie privée à n'importe quel inconnu qui tape au hasard des mots dans leur moteur de 55 recherche. Comme, par exemple, une certaine Élodie qui m'a demandé des conseils pour étudier dans une université américaine. Honorée, j'ai rédigé une réponse complète, où je lui 60 ai tout expliqué. Mais cela ne lui a pas suffi. En moins de quarante-huit heures, Élodie m'avait envoyé cinq autres e-mails. Quand j'ai cessé tout contact, son ton est devenu de moins 65 en moins cordial et j'ai enfin souffert un torrent d'insultes et de menaces.

Heureusement, une fois ces frayeurs passées, une bonne surprise m'attendait. Un journaliste anglais du 70 «Daily Telegraph» m'a contactée après avoir lu un commentaire sur mon blog à propos du film «Les Choristes». Le journaliste devait interviewer Jean-Baptiste Maunier, la star du film, 75 et souhaitait me parler. Ce que j'ai fait. Une offre d'emploi a suivi. Vraiment, mon blog a changé ma vie.

Je suis devenue «blog-addict»!

80 Désormais, le moment où je me réveille, je consulte compulsivement les statistiques de visiteurs à mon blog. Je déteste les jours où personne ne fait de commentaires, et je suis enchantée dès 85 qu'un nouveau lecteur se manifeste. Je ne cesse pas d'améliorer mon blog.

Mais malheureusement, cette aventure virtuelle va bientôt prendre fin, avec mon retour imminent en France. Dans mon arrogance, je pense que mes 90 lecteurs seront inconsolables. Mais j'ai déjà la solution: je vais commencer mon nouveau blog à Paris. J'ai déjà trouvé le nom: «La Gazette parisienne».

[1] un appareil photo numérique = a digital camera

Marks

QUESTIONS

1. A large number of blogs (on-line diaries) have sprung up since 1999. (lines 1–17)

    (a) What prompted Camille to start her blog? **1 point**

    (b) How had Anuja tried to make her blog immediately attractive? **2 points**

2. On her blog, Camille writes about her life in New York. (lines 18–48)

    (a) Give details of the kinds of thing that Camille puts on her blog. **3 points**

    (b) Why, in her opinion, do her readers find her site interesting? **1 point**

    (c) Why did Bruno think her site was great? **1 point**

    (d) How does Camille react to comments such as his? **1 point**

3. There are also dangers in having your own blog. (lines 49–67)

    (a) What did Camille realise is a dangerous thing to do? **1 point**

    (b) What happened after Camille gave Élodie the information that she asked for? **3 points**

4. Camille's blog has had a major impact upon her life. (lines 68–94)

    (a) Why did a journalist from the Daily Telegraph contact her? **2 points**

    (b) What eventual benefit did this bring Camille? **1 point**

    (c) What shows how far Camille has become addicted to her blog? **3 points**

    (d) Why does she describe herself as arrogant? **1 point**
    (20 points)
    = 20 marks

5. Translate into English:

    "C'est Andy Warhol . . . ouvert mon blog sur internet." (lines 1–7) **10**
    (30)

[Turn over for SECTION II on *Page four*

SECTION II—DIRECTED WRITING

Marks

Last summer you and a group of fellow-students went on a study trip to your twin town, to find out more about it.

On your return from the visit, you have been asked to write an account of your experiences **in French** for inclusion in the foreign language section of your school/college magazine.

You must include the following information and **you should try to add** other relevant details:

* where your twin town is **and** whether you had visited it before
* where you stayed **and** what you thought of the accommodation
* what you did during your stay to find out more about the town
* what you liked **or** disliked about the town
* what you thought of the people that you met during your stay
* how other students in your school/college will benefit from your visit.

Your account should be 150–180 words in length.

Marks will be deducted for any area of information that is omitted. **(15)**

[END OF QUESTION PAPER]

X059/303

| NATIONAL QUALIFICATIONS 2008 | WEDNESDAY, 21 MAY 11.00 AM – 12.00 NOON | FRENCH HIGHER Listening Transcript |

This paper must not be seen by any candidate.

The material overleaf is provided for use in an emergency only (eg the recording or equipment proving faulty) or where permission has been given in advance by SQA for the material to be read to candidates with additional support needs. The material must be read exactly as printed.

> **Instructions to reader(s):**
>
> **Candidates have two minutes to study the questions before the transcript is read.**
>
> The dialogue below should be read in approximately 4 minutes. On completion of the first reading, pause for two minutes, then read the dialogue a second time.
>
> Where special arrangements have been agreed in advance to allow the reading of the material, those sections marked **(f)** should be read by a female speaker and those marked **(m)** by a male.

Francine is talking about the part-time jobs that she has had.

(m)   **Francine, aviez-vous un job à temps partiel quand vous étiez étudiante?**

(f)   Oui, en effet j'avais deux jobs. Deux fois par semaine je travaillais le soir comme serveuse dans un restaurant et le mercredi soir je gardais des petits enfants. Travailler le soir est certes difficile, mais c'est mieux payé que de travailler pendant la journée.

(m)   **Pourquoi aviez-vous décidé de trouver un job?**

(f)   C'était pour financer mes journées shopping, car j'adore faire les magasins. Aussi, je voulais découvrir le monde du travail.

(m)   **Aviez-vous une préférence entre les deux jobs?**

(f)   Je préférais mon travail avec les enfants le mercredi car je pouvais jouer avec eux et, quand ils dormaient, je pouvais faire mes devoirs et étudier. D'autre part, mon job au restaurant était plutôt fatigant. Pour être serveuse, il faut sourire tout le temps.

(m)   **Comment étaient les clients au restaurant?**

(f)   En général, ils étaient gentils avec moi. Ils étaient de bonne humeur parce qu'ils venaient au restaurant pour s'amuser en famille ou avec leurs amis. Et d'habitude ils me laissaient de bons pourboires.

(m)   **Et les collègues dans le restaurant? Ils étaient sympas?**

(f)   Je m'entendais plutôt bien avec eux. La plupart d'entre eux étaient du même âge que moi, et ils travaillaient pour les mêmes raisons. Je suis restée en contact avec plusieurs d'entre eux, et quelques-uns sont même devenus de très bons amis.

(m)   **Y avait-il des aspects de ces jobs que vous avez trouvés difficiles?**

(f)   Il était difficile de me motiver après une longue journée d'études. Et garder des enfants apporte beaucoup de responsabilité et demande énormément d'attention.

(m) **Et, qu'est-ce que vos parents pensaient de votre décision de trouver un job?**

(f) Mes parents n'étaient pas très contents. Pour eux, les études passent avant tout et ils pensaient que mes études allaient en souffrir. Mais ils avaient tort, car j'ai fait des études supplémentaires le week-end, et j'ai cessé de travailler dans le restaurant quand mes examens s'approchaient.

(m) **Tout bien considéré, vous avez profité des jobs?**

(f) Oui, bien sûr. Les jobs m'ont apporté du bonheur, ce qui est bien plus important que de gagner de l'argent. Les enfants étaient adorables et je les revois toujours. Ils ont grandi, mais ils se rappellent toujours de moi. Pour moi, c'est ça l'important.

[END OF TRANSCRIPT]

[BLANK PAGE]

FOR OFFICIAL USE

Examiner's Marks

A	
B	

Total Mark

X059/302

NATIONAL QUALIFICATIONS 2008

WEDNESDAY, 21 MAY 11.00 AM – 12.00 NOON

FRENCH HIGHER Listening/Writing

Fill in these boxes and read what is printed below.

Full name of centre

Town

Forename(s)

Surname

Date of birth

Day Month Year   Scottish candidate number   Number of seat

Do not open this paper until told to do so.

Answer Section A **in English** and Section B **in French**.

Section A

Listen carefully to the recording with a view to answering, **in English**, the questions printed in this answer book. Write your answers **clearly and legibly** in the spaces provided after each question.

You will have 2 minutes to study the questions before hearing the dialogue for the first time.

The dialogue will be played **twice**, with an interval of 2 minutes between the two playings.

You may make notes at any time but only in this answer book. **Draw your pen through any notes before you hand in the book.**

Move on to Section B when you have completed Section A: you will **not** be told when to do this.

Section B

Do not write your response in this book: **use the 4 page lined answer sheet**.

You will be told to insert the answer sheet inside this book before handing in your work.

You may consult a French dictionary at any time during **both** sections.

Before leaving the examination room you must give this book to the invigilator. If you do not, you may lose all the marks for this paper.

Section A

Marks

Francine is talking about the part-time jobs that she has had.

1.   (*a*) Francine had two evening jobs. What were they and how often did she do them?   **2 points**

(*b*) What does Francine say is the advantage of working in the evening?   **1 point**

2.   Why had Francine decided to get a job?   **2 points**

3.   She liked one job better than the other.

(*a*) Why did she prefer that job?   **2 points**

(*b*) What did she not like about the other job?   **2 points**

4.   (*a*) Why were her customers in a good mood?   **1 point**

Marks

4.   **(continued)**

    (*b*) How did she benefit from this?   **1 point**

5.   Why did Francine and her fellow workers get on well together?   **2 points**

6.   What aspects of her job did Francine find difficult?   **2 points**

7.   (*a*) What concern did her parents have about Francine's jobs?   **1 point**

    (*b*) What did Francine do to meet this concern?   **2 points**

8.   According to Francine, how has she benefited from her jobs?   **2 points**

                                                                     (20 points)
                                                              = 20 marks

[Turn over for Section B on *Page four*

Marks

Section B

Les jobs de Francine lui ont apporté de l'argent. Est-ce que vous avez assez d'argent pour vos besoins? A votre avis, quels sont les avantages et les inconvénients d'avoir un emploi à temps partiel?

Ecrivez 120-150 mots en français pour exprimer vos idées.

10

(30)

USE THE 4 PAGE LINED ANSWER SHEET FOR YOUR ANSWER TO SECTION B

[END OF QUESTION PAPER]

HIGHER

2009

[BLANK PAGE]

X059/301

NATIONAL	FRIDAY, 22 MAY	FRENCH
QUALIFICATIONS	9.00 AM – 10.40 AM	HIGHER
2009		Reading and
		Directed Writing

45 marks are allocated to this paper. The value attached to each question is shown after each question.

You should spend approximately one hour on Section I and 40 minutes on Section II.

You may use a French dictionary.

SECTION I—READING

Read the whole article carefully and then answer **in English** the questions which follow it.

This passage tells us about homeless people who live in the woods surrounding Paris.

Ils vivent dans les bois, été comme hiver!

Tout autour de Paris, environ 500 personnes vivent dans les bois car ils n'ont pas de domicile fixe. Dans l'ouest de la capitale, près du joli petit
5 village de Chaville, vous verrez deux mondes bien différents: d'un côté de la route, les résidences chics des habitants de banlieue; de l'autre, un campement où survivent avec difficulté les gens des
10 bois.

C'est là que Fernando et David se sont installés. «En fait, nous sommes une bonne dizaine à habiter dans ce coin du bois en groupes de deux ou
15 trois», dit David. «Il n'y a jamais de disputes entre nous: éloignés les uns des autres, chaque groupe a son propre territoire.» Ces deux hommes ont construit une petite cabane, faite de ce
20 que les habitants du village ont jeté. «Elle est assez solide pour résister à un vent de 80 km/h», dit Fernando avec fierté. A l'intérieur, les lits déjà faits et les couvertures bien rangées dans un
25 coin reflètent l'amour-propre[1] des deux hommes. Au milieu de la cabane, une belle table élégante, mais cassée, qu'ils ont récupérée aux dépôts de déchets de Chaville.

30 A proximité, on aperçoit la niche de leurs chiens, deux beaux animaux qui montent la garde. Un peu plus loin ils ont leur petit jardin potager: pas facile de faire pousser des légumes en pleine
35 forêt, mais ils y arrivent. Nettoyé de ses branches et feuilles, le terrain autour de leur cabane est devenu leur espace repos.

Un problème pas facile à résoudre
40

Pourtant, la municipalité n'a pas abandonné ces hommes. «On fait ce qu'on peut pour les aider, mais ce n'est pas facile», explique une représentante du Conseil Régional d'Ile-de-France. 45 «Ils mènent une vie très isolée, et souvent ils n'acceptent pas volontiers l'assistance des pouvoirs publics. A Chaville, nous avons ouvert un centre où ils peuvent venir chaque semaine 50 prendre un bon petit déjeuner et utiliser la machine à laver. Quand ils viennent au centre à Noël, on leur offre un colis. Mais nous n'avons pas de solution permanente à leur offrir. Il y a 55 de moins en moins de logements à prix modéré disponibles: non seulement on n'en construit plus, mais on démolit ceux qui existent.»

Autre difficulté, c'est qu'ils ne 60 trouvent pas facilement du travail. Les petites entreprises se méfient d'eux, précisément parce qu'ils n'ont pas de domicile fixe. Ils sont donc obligés d'accepter un jour par-ci, un autre jour 65 par-là, soit dans les chantiers, soit comme travailleurs saisonniers.

«Regardez comme tout est propre ici!»

«Des fois, quand on va en ville, les 70 gens nous menacent», reprend David. «Ils disent que nous sommes sales. Pour éviter cela, il faut que nous soyons toujours très propres. Il y a une source d'eau pas loin d'ici où nous 75 lavons régulièrement notre linge, à la

main. Ça va en été, mais en hiver, qu'est-ce qu'on a froid! La galère[2], c'est pour s'éclairer et se chauffer. Les
80 bougies, c'est pas pratique, car on court le risque de mettre feu à la cabane. L'hiver, pour se réchauffer, on fait un feu de bois à côté de la cabane; mais, évidemment, ça fait des problèmes
85 quand il se met à pleuvoir.»

Parfois le soir, Fernando et David s'installent auprès de leur petite table devant leur cabane et à l'écart des chemins empruntés par les familles en balade. Ils passent une heure à 90 discuter tranquillement. Certes, leur vie est difficile, mais malgré tout elle permet des moments d'amitié. Quand le temps s'y prête . . . !

[1] l'amour-propre = the self-respect
[2] la galère = the hardest part/the worst thing

Marks

QUESTIONS

1. Hundreds of homeless people live in the woods around Paris. (lines 1–38)

   (a) What two "worlds" does the author describe? **2 points**

   (b) Why are there never any arguments among the groups of men who live in the woods? **1 point**

   (c) Why is Fernando proud of his shack? **1 point**

   (d) How does the shack's interior reflect Fernando and David's self-respect? **1 point**

   (e) The two men recycle some of society's waste. Give **two** examples of this from lines 1–38. **2 points**

2. The authorities are finding it difficult to meet the needs of these homeless people. (lines 39–67)

   (a) What makes it hard for the Regional Council to help men like Fernando and David? **2 points**

   (b) What does the centre in Chaville do throughout the year to improve the men's lives? **2 points**

   (c) Why is there a lack of low-cost housing available for people in this situation? **2 points**

   (d) Why can it be difficult for such men to find work? **1 point**

   (e) What types of work might they have to accept? **2 points**

3. Fernando and David have managed to solve most practical problems. (lines 68–85) What problems do they still face with:

   (a) washing their clothes? **1 point**

   (b) lighting? **1 point**

   (c) heating? **1 point**

4. Most local families are unaware of the men's existence. (lines 86–94)

   What is the author's final comment on the men's lifestyle? **1 point**

   (20 points)

   = 20 marks

5. Translate into English:

   A proximité . . . mais ils y arrivent. (lines 30–35) **10**

   [Turn over for SECTION II on *Page four* **(30)**

SECTION II—DIRECTED WRITING

Marks

Last year, you had a holiday job in France.

On your return from the visit, you have been asked to write an account of your experiences **in French** for inclusion in the foreign language section of your school/college magazine.

You must include the following information and **you should try to add** other relevant details:

- why you applied for the job, **and** what part of France it was in

- what your accommodation was like **and** how you travelled to work

- what you did during the working day

- how you got on with the other people you worked with

- what you liked or did not like about the job

- what you plan to do with the money that you earned.

Your account should be 150–180 words in length.

Marks will be deducted for any area of information that is omitted.   (15)

[END OF QUESTION PAPER]

X059/303

NATIONAL
QUALIFICATIONS
2009

FRIDAY, 22 MAY
11.00 AM – 12.00 NOON

FRENCH
HIGHER
Listening Transcript

This paper must not be seen by any candidate.

The material overleaf is provided for use in an emergency only (eg the recording or equipment proving faulty) or where permission has been given in advance by SQA for the material to be read to candidates with additional support needs. The material must be read exactly as printed.

Instructions to reader(s):

The dialogue below should be read in approximately 4 minutes. On completion of the first reading, pause for two minutes, then read the dialogue a second time.

Where special arrangements have been agreed in advance to allow the reading of the material, those sections marked **(f)** should be read by a female speaker and those marked **(m)** by a male.

Candidates have two minutes to study the questions before the transcript is read.

Cécile is explaining why she has come back to Scotland as a French Assistant for a second year.

(m)   **Cécile, vous avez choisi de retourner en Ecosse passer une deuxième année comme assistante française. Pourquoi?**

(f)   J'ai choisi de retourner en Ecosse car j'ai passé une année merveilleuse l'année dernière. C'était dans un collège à la campagne. Cette année j'ai voulu habiter en ville pour avoir une expérience différente.

(m)   **Vous connaissez les Ecossais un peu mieux maintenant?**

(f)   Oui. J'ai fait la connaissance de gens fabuleux et c'est quand on se fait des amis qu'on commence vraiment à connaître leur culture. En plus, vivre en Ecosse m'a permis de décider plus précisément de ce que je vais faire comme carrière.

(m)   **Ça vous intéresserait de travailler comme professeur à l'avenir?**

(f)   Oui, je voudrais être professeur dans un collège en France. Après mes expériences dans la salle de classe comme assistante de langues, je comprends mieux ce que c'est le métier d'enseignant: c'est vraiment un travail plus difficile qu'on ne le croit, et qui demande beaucoup de patience et de compréhension.

(m)   **Vous avez aimé travailler avec les jeunes gens?**

(f)   Oui. Ce qui m'attire le plus c'est le contact avec les élèves. Je me passionne pour les langues. Mon but principal serait de partager cette passion avec les élèves. Il faut dire que j'ai appris des leçons très pratiques, par exemple comment organiser des classes, et comment éviter les problèmes de discipline.

(m)   **Pourquoi avez-vous choisi l'Ecosse?**

(f)   Comme j'ai déjà dit, j'adore l'anglais. C'est mon rêve depuis toute petite fille d'aller vivre dans un pays où l'on parle anglais. Deuxièmement, j'ai toujours voulu voir les paysages écossais, qui sont vraiment magnifiques. Les montagnes écossaises sont les plus spectaculaires du monde. En plus, je m'intéresse beaucoup à l'histoire de l'Ecosse.

(m) **Qu'est-ce que vous n'aimez pas de l'Ecosse ou même des Ecossais?**

(f) Ce que je n'aime pas en Ecosse, c'est le temps! Il pleut trop, et je suis toujours enrhumée! Je me sens parfois déprimée à cause du froid et de la pluie. En plus, je sais que la nourriture écossaise est mauvaise pour la santé mais je l'aime quand même. Enfin, ce que je n'aime pas chez les Ecossais, c'est qu'ils jettent des papiers par terre même s'il y a une poubelle tout près.

(m) **Est-ce que vos parents et vos amis en France vous manquent?**

(f) Ils me manquent énormément! Mes parents me téléphonent chaque semaine et avec mes amis je parle souvent sur MSN. Mais c'est mon chat qui me manque le plus. Quand je suis en France, il est toujours content de me voir quand je rentre le soir.

(m) **Et dites-nous finalement: y a-t-il un petit quelque chose de la France qui vous manque?**

(f) Oui, bien sûr! Les magasins. En France, ils restent ouverts plus tard — jusqu'à 20 heures. C'est bien mieux pour faire du shopping et il faut dire qu'il y a un plus grand choix de vêtements élégants.

[END OF TRANSCRIPT]

[BLANK PAGE]

FOR OFFICIAL USE

Examiner's Marks

A	
B	

Total Mark

X059/302

NATIONAL
QUALIFICATIONS
2009

FRIDAY, 22 MAY
11.00 AM – 12.00 NOON

FRENCH
HIGHER
Listening/Writing

Fill in these boxes and read what is printed below.

Full name of centre

Town

Forename(s)

Surname

Date of birth

Day Month Year

Scottish candidate number

Number of seat

Do not open this paper until told to do so.

Answer Section A **in English** and Section B **in French**.

Section A

Listen carefully to the recording with a view to answering, **in English**, the questions printed in this answer book.   Write your answers **clearly and legibly** in the spaces provided after each question.

You will have 2 minutes to study the questions before hearing the dialogue for the first time.

The dialogue will be played **twice**, with an interval of 2 minutes between the two playings.

You may make notes at any time but only in this answer book. **Score out any notes before you hand in the book**.

Move on to Section B when you have completed Section A: you will **not** be told when to do this.

Section B

Do not write your response in this book: **use the 4 page lined answer sheet**.

You will be told to insert the answer sheet inside this book before handing in your work.

You may consult a French dictionary at any time during **both** sections.

Before leaving the examination room you must give this book to the invigilator. If you do not, you may lose all the marks for this paper.

DO NOT
WRITE I
THIS
MARGI

Marks

Section A

Cécile is explaining why she has come back to Scotland as a French Assistant for a second year.

1.   Why has Cécile decided to come back to Scotland for a second year?   **2 points**

2.   (*a*)   What really helped her to get to know the culture?   **1 point**

     (*b*)   In what other way has living in Scotland helped her?   **1 point**

3.   What have her experiences in the classroom taught her about the job of a teacher?   **2 points**

4.   (*a*)   As a teacher, what would be her main aim for her pupils?   **1 point**

     (*b*)   What practical lessons has she herself learned?   **2 points**

Marks

5. Why was she especially attracted to Scotland? **3 points**

6. (*a*) What effect does the Scottish weather have on her? **1 point**

   (*b*) What does she think of Scottish food? **1 point**

   (*c*) What does she dislike about the Scottish people? **1 point**

7. (*a*) How does she keep in touch with people in France? **2 points**

   (*b*) Why does she miss her cat so much? **1 point**

8. What does she say she misses about the shops in France, and why? **2 points**

(20 points)

= 20 marks

[Turn over for Section B on *Page four*

Marks

Section B

Cécile a bien aimé son séjour en Ecosse.   A votre avis quels sont les avantages/désavantages de vivre en Ecosse?   Vous pensez aussi qu'il est important de visiter d'autres pays?

Ecrivez 120-150 mots en français pour exprimer vos idées.

10

(30)

USE THE 4 PAGE LINED ANSWER SHEET FOR YOUR ANSWER TO SECTION B

[END OF QUESTION PAPER]

[BLANK PAGE]

[BLANK PAGE]

[BLANK PAGE]

[BLANK PAGE]

[BLANK PAGE]

Acknowledgements

Permission has been sought from all relevant copyright holders and Bright Red Publishing is grateful for the use of the following:

The article, 'Le Midi, pays de rêve pour les Britanniques' by Cecile Bontron, is adapted from Midi Libre, Sunday 8 August 2004. Reproduced with permission of Midi Libre (2006 Reading & Directed Writing pages 2 & 3); The online version of 'Comment mon blog a change ma vie' by Camille Le Gall taken from www.madamefigaro.fr (2008 Reading & Directed Writing pages 2 & 3).